AF509632

LES PRINCIPES

DE LA

GÉOGRAPHIE,

ENSEIGNÉS

D'UNE MANIÈRE COURTE ET FACILE,

PAR LA SEULE INSPECTION DES CARTES.

Par M. l'Abbé BIDA.

A BORDEAUX,

Chez R. LAFARGUE, Libraire, rue du Puits
Dagne-Cap, N.º 4.

M. DCCC. XXVIII.

Les formalités voulues par la Loi, ont été remplies.

———◦———

Nota. d. signifie droite et g. gauche. *Exemple :* page 26, Lille sur la Deule, se jette dans la Lys à droite, et la Lys se jette dans l'Escaut à gauche.

LES

PRINCIPES

DE LA

GÉOGRAPHIE.

I. Définition. Forme de la Terre. Cartes de Géographie.

La *Géographie* est la description de la Terre. Elle en représente les différentes parties, et indique la situation des lieux les plus remarquables.

La Terre est ronde et porte le nom de *Globe terrestre*; le mot Globe vient du Latin *Globus* et signifie *Boule*.

Pour représenter la Terre on se sert de *Cartes* de Géographie. La *Mappemonde* est la Carte la plus générale; elle représente tout le Globe Terrestre. Les autres Cartes doivent être considérées comme détachées de la Mappemonde. La Mappemonde se divise en deux parties égales et applaties.

II. Pôles. Equateur. Hémisphères.

Les deux extrêmités supérieures des deux parties de la Mappemonde ne forment ensemble qu'un Point qui se nomme *Pôle Arctique*. On donne au Point des deux extrêmités inférieures le nom de *Pôle-*

Antarctique. *L'Equateur* est un cercle qui est à distance égale des deux Pôles. On nomme *Hémisphère Oriental* la partie de la Mappemonde qui se trouve à notre droite et *Hémisphère Occidental* celle qui est à notre gauche. Le mot *Sphère* est un mot qui vient du Grec et signifie Boule. *L'Hémisphère septentrional* renferme tout ce qui est au dessus de l'Equateur et *l'Hémisphère Méridional* tout ce qui est au dessous.

III. Tropiques, Solstices, Equinoxes.

Le *soleil* éclaire successivement chaque jour l'Hémisphère Oriental et l'Hémisphère Occidental , mais il est tantôt au dessous de l'Equateur et tantôt au dessus. Le jour où il est dans son plus grand éloignement au dessous de l'Equateur, il parcourt un Cercle qui porte le nom de *Tropique du Capricorne* , et ce jour se nomme *Solstice d'Hiver* , vers la fin de Décembre.

Au bout de trois mois , vers la fin de Mars , il parcourt le Cercle de l'Equateur , et le jour où il le parcourt se nomme *Equinoxe du Printemps.*

Au bout de trois autres mois , vers la fin de Juin , il parcourt au dessus de l'Equateur un Cercle qui porte le nom de *Tropique du Cancer* , et le jour où il le parcourt se nomme *Solstice d'Eté.*

Le soleil alors retourne à l'Equateur où il arrive au bout de trois mois , vers la fin de septembre , et le jour où il parcourt ce Cercle , se nomme *Equinoxe d'Automne.* Il s'avance ensuite vers le Tropique du Capricorne où il arrive au bout de trois mois pour recommencer une nouvelle année.

IV. Points Cardinaux et Intermédiaires.

Pour déterminer la situation des Pays et des Villes, on se sert de certains Points qui ont rapport au cours du soleil.

Il y a quatre *Points Cardinaux*, c'est-à-dire, principaux. Le côté où le soleil commence à paroître dès le matin se nomme *Est* (c'est-à-dire, Levant, Orient). Le côté opposé se nomme *Ouest* (c'est-à-dire, Couchant, Occident). Le côté où il se trouve à Midi se nomme *Sud*, vers le Pôle Antarctique, et le côté opposé vers le Pôle Arctique, se nomme *Nord* ou Septentrion. On les marque par leurs lettres initiales : E. O. S. N.

En regardant une Carte on a l'Est à sa droite ; l'Ouest à sa gauche ; le Sud en bas et le Nord en haut.

On nomme *Points Intermédiaires* ceux qui sont entre les Points Cardinaux. Il y en a quatre : le *Nord-Est* (N.E.) le *Nord-Ouest* (N.O.) le *Sud-Est* (S.E.) et le *Sud-Ouest* (S.O.).

V. Zônes.

Les différentes températures de l'Air dans le Globe terrestre, ont donné lieu au partage de la Terre en cinq *Zônes*, c'est-à-dire, bandes, ceintures. Pour les distinguer, il faut remarquer sur la Mappemonde deux Cercles qui sont entre les Pôles et les Tropiques. Celui qui est entre le Tropique du Cancer et le Pôle Septentrional se nomme *Cercle Pôlaire-Arctique*, et celui qui est entre le Tropique du Capricorne et le Pôle Méridional se nomme *Cercle Pôlaire-Antarctique*.

L'espace qui est entre les deux Tropiques porte le nom de *Zône torride*, c'est-à-dire, brûlante. On appelle *Zône Glaciale Septentrionale*, l'espace qui est au delà du Cercle Pôlaire Arctique, et *Zône Glaciale Méridionale* l'espace qui est au delà du Cercle Pôlaire Antarctique. Les *Zônes tempérées* sont entre les Tropiques et les Cercles Pôlaires.

VI. LONGITUDES ET LATITUDES.

Les *Longitudes* sont des demi-cercles d'un Pôle à l'autre. Tous ceux qui sont sous la même Longitude ont midi au même instant. On change de Longitude à chaque pas que l'on fait vers l'Orient ou l'Occident. On est convenu de n'en compter que trois cent soixante qui coupent l'Equateur en autant de parties. Il y en a cent quatre-vingt marquées sur l'Equateur dans l'Hémisphère Oriental, et autant dans l'Hémisphère Occidental. On les appelle dégrés de Longitude, et on les compte à partir d'un *Premier Méridien*.

On donne le nom de *Méridien* à un cercle qui passe par les deux Pôles. On peut fixer le premier Méridien arbitrairement; mais depuis 1634 on a suivi en France, par ordre de Louis XIII, l'exemple de Ptolémée, le plus habile des anciens Géographes, en fixant le premier Méridien à l'extrêmité de l'*Isle de Fer*, la plus Occidentale des Canaries. Cette Isle est au 20.ᵉ dégré de Longitude du Méridien de Paris, à l'Occident. Sur les Cartes, autres que la Mappemonde, on marque les dégrés de Longitude en haut et en bas des Cartes. Aujourd'hui en France, on marque ordinairement en haut des Cartes les dégrés de Longitudes du Méridien de l'Isle de Fer, et en bas ceux du Méridien de Paris.

Quand on compte la Longitude d'après le Méridien de Paris, elle est tantôt Orientale, et tantôt Occidentale, selon que ce lieu est à droite ou à gauche de ce Méridien.

Le Soleil parcourt chaque dégré de Longitude en 4 minutes, et par conséquent il en parcourt 15 en une heure.

Les *Latitudes* sont des Cercles parallèles à l'Equateur. On compte 90 dégrés de Latitude dans l'Hémisphère Septentrional et autant dans l'Hémisphère Méridional. Ils sont marqués sur la Mappemonde autour de l'Hémisphère Oriental et de l'Hémisphère Occidental. Sur les autres Cartes ils sont marqués à droite et à gauche. Ils valent 25 lieues sur l'Equateur, 16 vers le 50.e dégré, 4 vers le 80.e et 1/4 de lieue vers le 89.e

Quand ont connoit le dégré de Longitude et celui de Latitude d'un lieu, on trouve la situation de ce lieu à l'endroit où ces deux dégrés se croisent.

La Longitude indique la longueur de la Terre, et la Latitude sa largeur. La Terre étant ronde n'a ni longueur ni largeur; mais les Anciens qui n'en connoissoient qu'une partie, ont donné le nom de Longitude à ce qu'ils connoissoient d'Orient en Occident, et celui de Latitude à ce qu'ils connoissoient du N. au S., parce que cette partie étoit moins considérable que l'autre.

VII. Continents, Mers et Iles.

Un *Continent* est une partie de la Terre de très grande étendue qui comprend de grandes régions contigües entr'elles, c'est-à-dire, qui ne sont point séparées par la Mer. Il y a deux Continents, l'*Ancien* qui comprend l'Europe, l'Asie et l'Afrique, le *Nouveau*, qui renferme l'Amérique. L'Ancien Continent est dans l'Hémisphère Oriental, et le Nouveau dans l'Hémisphère Occidental ; ces deux Continents sont séparés par une grande étendue d'eau qui les entoure et se nomme *Mer* ou *Océan*.

Quoiqu'il n'y ait, à proprement parler, qu'une Mer, on en distingue néanmoins plusieurs, parce qu'on lui donne différents noms selon les différentes situations de ses eaux. Ainsi la Mer retient le nom d'*Océan* entre l'Amérique, l'Europe et l'Afrique : cette partie de la Mer renferme la *Mer Atlantique*, au N. O. de l'Afrique. Elle prend le nom de *Mer du Nord* depuis le 50.ᵉ dégré de Latitude jusqu'au Pôle Arctique ; cette partie de Mer renferme la *Mer Glaciale* qui commence au Cercle Pôlaire et s'étend jusqu'au Pôle. Elle prend ensuite le nom de *Grande-Mer* entre l'Asie et l'Amérique ; cette partie de Mer prend aussi le nom de *Mer Pacifique*, (spécialement dans la Zône tempérée Septentrionale), et celui de *Mer du Sud*, (spécialement dans la Zône torride et la Zône tempérée Méridionale). On donne le nom de *Mer des Indes* à la Mer qui est au S. de l'Asie et de l'Afrique.

La Mer laisse à découvert, principalement près des Continents, un grand nombre de portions de Terre d'une médiocre ou d'une petite étendue. Ces portions de Terre qui sont environnées d'eau de tous côtés, se nomment *Iles*. Telles sont les Iles Britanniques, l'Islande, les Iles de la Sonde, les Maldives, les Iles du Japon, les Iles Canaries, Madagascar, les Antilles, etc.

VIII. Presqu'iles, Isthmes ; Golfes et Détroits ; Ports ; Côtes et Lacs.

On appelle *Presqu'île* une portion de terre, qui étant en grande partie entourée des eaux de la Mer, touche d'un côté à d'autres terres. Telles sont l'Espagne avec le Portugal, l'Italie, la Grèce, le Jutland, la Bretagne, la Crimée, l'Arabie, l'Anatolie, etc.

Quand la Presqu'île est séparée du Continent par une petite portion de terre, cette petite portion se nomme *Isthme*, comme l'Isthme de Suèz qui joint l'Asie à l'Afrique, et l'Isthme de Panama qui joint l'Amérique Septentrionale à l'Amérique Méridionale.

Un *Golfe* est un enfoncement de mer dans les terres : tels sont les Golfes de Lyon, de Valence, de Gênes, de Perse, de Bengale, etc.

Il y en a qui portent le nom de Mers. Tels sont la Mer Blanche, la Mer Jaune, la Mer de Corée, la mer de Kamtchatka, la Mer Vermeille, la Mer Méditérranée, la Mer Egée, la Mer de Marmora, la Mer Noire, la Mer d'Azof ou de Zabache, la Mer Rouge ou Golfe Arabique, la Mer Adriatique ou Golfe de Venise.

Un *Détroit* est une portion de Mer resserée entre deux terres et qui joint deux Mers ensemble. Tels sont les Détroits de Gibraltar, de Babel-Mandel, de Waigatz, etc.

Un *Port* est un lieu propre à recevoir les Vaisseaux et à les tenir à couvert des tempêtes.

On nomme *Côtes*, les rivages de la Mer.

Les *Lacs* sont des amas d'eau entourés de terre de tous côtés; tels sont les Lacs Ladoga et Onéga, de Constance et de Genève. La Mer Caspienne en Asie, est un grand Lac.

IX. Rivières.

Les *Rivières* sont des eaux qui coulent toujours depuis leur source jusqu'à leur embouchure. **La** *Source* d'une rivière est l'endroit où son cours commence, et l'*Embouchure* est l'endroit où elle termine son cours. On appelle *Lit d'une Rivière*, le canal dans lequel elle coule, et les bords du lit d'une rivière se nomment *Rives*. En descendant une rivière le visage tourné vers son embouchure, on a à sa droite la *Rive droite* et à sa gauche la *Rive gauche*.

On appelle *Confluent* l'endroit où deux rivières se joignent. Les *Fleuves* sont de grandes Rivières qui portent leurs eaux et conservent leur nom jusqu'à la Mer.

Le moyen le plus sûr de retenir la situation des villes surtout pour l'Europe où elles sont plus multipliées, c'est de connoître d'abord l'embouchure et la source des Fleuves et des principales Rivières qui s'y jettent, et ensuite de faire attention sur quels fleuves ou rivières ces villes se trouvent.

X. Embouchures des Fleuves des quatre Parties du Monde.

—

En Europe.

Le *Don* ou Tanaïs a son embouchure dans la mer d'Azof ou de Zabache, jadis *Palus Méotides*.

Le *Dnieper*, le *Niester* et le *Danube*, dans la Mer Noire, jadis Pont-Euxin.

Le *Pô*, dans le Golfe de Venise, jadis Mer Adriatique.

Le *Tibre*, l'*Arno*, le *Rhône* et l'*Ebre*, dans la Méditerranée.

Le *Guadalquivir*, la *Guadiana*, le *Tage*, le *Douero*, l'*Adour*, la *Garonne*, la *Charente*, la *Loire* et la *Vilaine*, dans l'Océan. L'*Orne*, la *Seine*, la *Somme* et la *Tamise*, dans la Manche ou le Canal.

L'*Escaut*, la *Meuse*, le *Rhin*, le *Veser* et l'*Elbe*, dans la Mer du Nord.

L'*Oder*, la *Vistule*, le *Niemen* et la *Duna* du Sud, dans la Mer Baltique.

La *Duna* du Nord, dans la Mer Blanche, Golfe de la Mer Glaciale.

La *Petzora*, dans la Mer Glaciale.

En Asie.

L'*Obi*, le *Jéniséa* et le *Lena* dans la Mer Glaciale.

L'*Amur* ou le *Saghalien*, le *Hohang-ho* ou *Rivière jaune*, et le *Kiang* ou *Rivière bleue* dans la Grande-Mer.

Le *Gange*, l'*Indus*, le *Tigre* réuni à l'*Euphrate* dans la Mer des Indes.

Le *Volga* dans la Mer Caspienne, grand Lac.

En Afrique.

Le *Nil* dans la Méditerranée.

Le *Sénégal* dans l'Océan.

En Amérique.

Le *Fleuve St-Laurent* dans le Golfe de même nom, et le *Mississipi* dans le Golfe du Mexique, à l'E. de l'Amérique septentrionale.

Le *Fleuve des Amazones* et la *Plata*, dans l'Océan, à l'E. de l'Amérique Méridionale.

XI. Montagnes.

Une *Montagne* est une éminence de terre fort élevée au-dessus de tout ce qui l'environne. La plupart des Montagnes se tiennent les unes aux autres en formant différentes chaînes ou branches. On donne le nom de *Plateau* aux Montagnes plus élevées, dont les branches ou rameaux tendent entre les fleuves vers les différentes Mers où ces fleuves se jettent, pour aboutir aux Caps les plus fameux.

Les *Caps* sont des pointes de terre qui s'avancent dans la Mer.

XII. Montagnes de l'Europe.

1.° Les *Sierra d'Espagne*, chaînes de Montagnes depuis le Détroit de Gibraltar jusqu'aux Pyrénées. On y trouve les Sources du *Guadalquivir*, de la *Guadiana*, du *Tage*, du *Douero* et du *Minho* qui se jettent dans l'Océan, ainsi que de l'*Ebre* qui se jette dans la Méditerranée.

2.° Les *Pyrénées* s'étendent depuis l'Océan jusqu'à la Méditerranée entre l'Espagne et la France. On y trouve les Sources de la *Bidassoa*, rivière côtière, de l'*Adour* et de la *Garonne* qui se jettent dans l'Océan ; celles du *Gave d'Oleron* qui se perd dans le Gave de Pau à gauche, et du *Gave de Pau* qui se jette dans l'Adour à gauche ; du *Gers* qui se jette dans la Garonne à gauche ; de l'*Ariège* qui se jette dans la Garonne à droite ; de l'*Aude* et de la *Tet* qui se perdent dans la Méditerranée.

L'*Anti-Pyrénée* entre l'Ariège et l'Aude au N. des Pyrénées.

La *Montagne Noire* touche au N. à l'Anti-Pyrénée. Les eaux de cette Montagne se jettent avec quelques autres d'alentour dans un Réservoir ou *Bassin*, construit à *St-Ferréol*, au S. et à $^3/_4$ de lieue de Revel. Ce Bassin qui est toujours plein d'eau, a un aqueduc qui porte l'eau au *Bassin de Nourouse* à l'E. de Castel-Naudary. Cet endroit très-élevé est le Point de partage des eaux du *Canal du Midi*, qui se jettent d'un côté dans la Garonne au-dessous de Toulouse, et de l'autre dans la Méditerranée.

Les *Cévennes* au N. E. de la Montagne-Noire. On y trouve les sources de l'*Orb* et de l'*Hérault*, qui se jettent dans la Méditerranée ; du *Gard* et de l'*Ardèche*, qui se jettent dans le Rhône à droite ; du *Tarn*, qui reçoit l'*Aveyron* à droite, et se jette dans la Garonne à droite ; du *Lot*, qui se jette dans la Garonne à droite ; de l'*Allier* qui se jette dans la Loire à gauche, et de la *Loire* qui se perd dans l'Océan.

3.° *Entre la Garonne et la Loire :*

Le *Mont de la Lozère*, qui fait partie des Cévennes, est à la source du Tarn, du Lot et de l'Allier.

Il faut remarquer dans les montagnes de l'Auvergne le *Mont Cantal*, au N. O. de la Lozère; le *Mont d'Or*, et ensuite le *Puy-de-Dôme*, au Nord du Cantal. On y trouve les sources de la *Dordogne*, qui se jette au Bec-d'Ambez dans la Garonne, qui y prend ou plutôt conserve le nom de *Gironde*, qu'elle portoit autrefois dans tout son cours. Le *Cher* et l'*Indre* qui se jettent dans la Loire à gauche, ont leurs sources au N. O. du Puy-de-Dôme. La *Sèvre Nantoise* qui se jette dans la Loire à gauche, a sa source dans le Poitou.

Les *Montagnes du Limosin* donnent des eaux à la *Vézère*, qui après avoir reçu la *Corrèze* à gauche, se jette dans la Dordogne à droite; ensuite à la *Vienne*, qui après avoir reçu la *Creuse* à droite, puis le *Clain*, à gauche, se jette dans la Loire, à gauche. La *Charente* a sa source à l'O. de celle de la Vienne, et se jette dans l'Océan. La *Sèvre Niortoise* a sa source dans le Poitou, et se jette dans l'Océan, après avoir reçu *La Vendée* à droite.

4.° La *Chaîne*, qui part de la source de la Loire, va joindre les *Montagnes de Bourgogne*, où il faut remarquer la *Côte d'Or*, qui se prolonge à la droite de la Saône, du S. au N. depuis Macon jusqu'à Dijon. La *Seine* qui prend sa source à l'O. de Dijon, se jette dans la Manche.

5.° *Entre la Loire et la Seine :*

La Loire reçoit à droite l'*Arroux* et la *Mayenne*. la Mayenne reçoit à gauche la *Sarthe* où se perd le *Loir* à gauche. La Seine reçoit à gauche l'*Yonne*, le *Loing*, l'*Eure* et la *Rille*.

La *Vilaine* se jette dans l'Océan, et l'*Orne* dans la Manche.

6.° La Seine reçoit à droite l'*Aube* et la *Marne* qui ont leurs sources au N. de Dijon. Les *Vosges* commencent à la source de la Marne, et s'étendent jusqu'à celle de la Moselle qui se jette dans le Rhin à gauche.

Entre la Marne et la Moselle, on trouve les sources de la *Meuse* qui se jette dans la Mer du Nord, et de la Saône qui se jette dans le Rhône à droite.

Entre la Seine et la Meuse on trouve les sources de l'*Oise* qui, après avoir reçu l'*Aisne* à gauche, se jette dans la Seine à droite; de la *Sambre* qui se jette dans la Meuse à gauche; de la *Somme* qui se jette dans la Manche; de l'*Escaut*, qui, après avoir reçu à gauche la *Scarpe* et ensuite la *Lys*, se jette dans la Mer du Nord.

7.° Le *Mont-Jura* s'étend depuis les Vosges jusqu'aux Alpes. On y trouve la source du *Doubs*, qui se jette dans la Saône à gauche, et celle de l'*Ain* qui se jette dans le Rhône à droite.

8.° Les *Alpes* sont les montagnes les plus hautes de l'Europe. On y trouve les sources du *Rhin* qui se jette dans la Mer du Nord; de l'*Aar* qui se jette dans le Rhin à gauche; du *Rhône*, qui se jette dans la Méditerranée; du *Tésin* et de l'*Adda*, qui se jettent dans le Pô à gauche ; de l'*Inn*, qui se jette dans le Danube à droite.

Il part des Alpes quatre branches. La *première Branche* est à la gauche du Rhin et à la droite du Rhône, qui traverse la France et va joindre les Pyrénées. La *seconde Branche* est à la gauche du Rhône et va joindre les *Appenins* en Italie. La *troisième Branche* est à la gauche du Danube, et va joindre les *Monts Costegnats*, qui s'étendent depuis le Golfe de Venise jusqu'à la Mer Noire. La *quatrième Branche* des Alpes est à la droite du Rhin, donne des eaux au Danube qui se jette dans la Mer Noire, suit ensuite la gauche du Danube, va joinpre les *Montagnes de Bohême*, de là les *Monts-Krapacs* qui séparent la Hongrie de la Pologne, ensuite vers le N. E. les *Monts-Waldaï*, en Russie, puis toujours vers le N. E. les *Monts-Poyats*, qui séparent l'Europe de l'Asie.

9.º *Dans la seconde Branche des Alpes , qui est à la gauche du Rhone*, on y trouve : le *Mont Simplon*, puis le *Col des Pennins*, à la source de la *Sésia*, qui se jette dans le Pô à gauche ; le *Grand-St-Bernard*, à la source de la *Doria-Baltéa*, qui se jette dans le Pô à gauche ; le *Mont-Blanc* à la source de l'*Arve*, qui se jette dans le Rhône à gauche ; le *Petit St-Bernard*, au S. à la source de l'*Isère*, qui se jette dans le Rhône à gauche ; le *Mont-Cénis* à la source de l'*Arche*, qui se jette dans l'Isère à gauche ; le *Mont-Génèvre*, à la source de la *Doria-Riparia*, qui se jette dans le Pô à gauche, et à celle de la *Durance*, qui se jette dans le Rhône à gauche ; le

Mont-Viso, à la source du Pô, qui se jette dans le Golfe de Venise ; les *Alpes Maritimes*, à la source du *Var*, qui se jette dans la Méditerranée, et à celle du *Tanaro*, qui se jette dans le Pô à droite. Viennent ensuite les *Monts-Appenins*, qui commencent à la source de la *Reja*, rivière côtière de la Méditerranée, et traversent l'Italie dans toute sa longueur. On y trouve les sources de l'*Arno*, du *Tibre* et du *Vulturne*, qui se jettent dans la Méditerranée.

10°. *Dans la troisième Branche des Alpes qui est à la droite du Danube*, on trouve : les *Montagnes du Tirol* ; les sources du *Lech*, de l'*Iser* et de l'*Inn*, qui se jettent dans le Danube ; de l'*Adige* et de la *Piave*, qui se jettent dans le Golfe de Venise, de la *Salz*, qui se jette dans l'Inn, à droite ; de la *Drave* et de la *Save*, qui se jettent dans le Danube, ensuite les *Monts-Costegnats*, qui s'étendent depuis le Golfe de Venise jusqu'à la Mer Noire.

11.° *Dans la quatrième Branche des Alpes qui est à la droite du Rhin*, on trouve : les sources du *Danube* ; du *Necker*, qui se jette dans le Rhin ; de la *Retzat* et de la *Prégnitz* dont est formée, au-dessous de Nuremberg, la *Régnitz*, qui se jette dans le Mein, à gauche. La Branche s'étend alors à l'E., et va joindre les *Montagnes de Bohême*. On trouve à l'O. des Montagnes de Bohême, les sources du *Mein*, qui se jette dans le Rhin ; de la *Saala*, de l'*Eger* et de la *Moldau*, qui se jettent dans l'Elbe, à gauche. Au N. O. de la Bohême, sont les sources de la *Fulda* et de la *Verra*, dont est formé, au-dessous de Cassel sur la Fulda, le *Weser*, qui se jette dans la Mer du Nord. A l'E. de la Bohême on trouve, au pied de la Montagne des Géants, la source de l'*Elbe*, qui se jette dans la Mer du Nord. On trouve ensuite, toujours à l'E. , les sources de l'*Oder* et de la *Vistule*, qui se jettent dans la Mer Baltique ; les *Monts-Krapacs* à la source du *Niester* qui se jette dans la Mer Noire.

12.º En remontant vers le N. E. , on trouve les sources du *Boug*, qui se jette dans la Vistule, à droite ; du *Pripecz*, qui reçoit à droite le Dnieper, près de son embouchure dans la Mer Noire ; du *Niemen*, qui se jette dans la Mer Baltique. Viennent ensuite, toujours vers le N. E. , les *Monts Waldaï* ou *Plateau de Russie*, où sont les sources de la *Duna du Sud*, qui se jette dans la Mer Baltique ; du *Dnieper*, qui jette dans la Mer Noire ; du *Volga*, qui se jette dans la Mer Caspienne, grand lac d'Asie. A la droite du Volga se trouve la source du *Don* ou *Tanaïs*, qui se jette dans la Mer Noire.

En remontant vers le Nord, on trouve les *Monts Olonetz*, et ensuite au N. E., les sources de la *Duna du Nord*, qui se jette dans la Mer Blanche golfe de la Mer Glaciale, et de la *Petzora*, qui a sa source aux *Monts-Poyats* et se jette dans la Mer Glaciale.

XIII. Montagnes de l'Asie.

Le *Plateau d'Asie* est au centre de cette Partie du Monde. Il renferme au Sud le *Mont-Tibet* où sont les sources du *Gange* et de l'*Indus* , qui se jettent dans la mer des Indes. La chaîne qui se prolonge entre ces deux fleuves prend le nom de *Monts-Gatles* et aboutit au *Cap Comorin.*

(19)

A l'E. de ce Plateau sont les sources du *Kiang* du *Hoang-ho* et de l'*Amur*, qui se jettent dans la grande Mer.

Au Nord du même Plateau sont les *Monts-Altaï* où l'on trouve les sources du *Léna*, du *Jéniséa* et de l'*Obi*, qui se jettent dans la Mer Glaciale, ainsi que celle de l'*Irtich* qui se perd dans l'Obi à gauche.

Les *Monts-Noss* sont à la droite du Léna et aboutissent au Détroit du Nord qui sépare l'Asie de l'Amérique dans l'Hémisphère Occidental.

Les *Monts de Pierre* sont entre le Lena et le Jéniséa.

La chaîne se prolonge vers le Nord à la gauche de l'Irtich et de l'Obi. On y trouve les *Monts-Ourals*, puis les *Monts Poyats* qui s'étendent jusqu'au Détroit de Waigatz au Sud de la nouvelle Zemble, et séparent l'Asie de l'Europe.

A l'O. du Plateau d'Asie se trouve le *Mont-Taurus* qui s'étend jusqu'au détroit de Constantinople. On trouve en Arménie les sources du *Tigre* et de l'*Euphrate*, qui jadis se jettoient séparément dans le Golfe Persique et aujourd'hui se réunissent au dessus de Bassora pour s'y jetter ensemble.

Au N. des sources de ces deux fleuves est l'*Anti-Taurus* qui va joindre le *Mont-Caucase* entre la Mer Caspienne et la Mer d'Azof.

Le *Mont-Taurus* pousse une branche au S. le long de la Méditerranée, et cette branche qui porte le nom de *Montagnes de Syrie*, va joindre les *Montagnes d'Arabie* vers l'Isthme de Suèz qui sépare l'Asie de l'Afrique.

XIV. Montagnes de l'Afrique.

Le Plateau d'Afrique est sous l'Equateur entre les 40.ᵉ et 50.ᵉ dégrés de Longitude.

La chaîne qui traverse le Sud de l'Afrique jusqu'au Cap de Bonne Espérance se nomme *Montagne de Lupata*, ou l'Epine du monde.

Les Montagnes d'Abissinie ou de la Lune, sont à la source du Nil.

La chaîne qui est à la droite du Nil va joindre les Montagnes de Syrie par l'Isthme de Suèz.

La branche qui s'étend à l'O. au S. du Niger se nomme *Montagnes des Lions* ou *Sierra-Leona*. Le Niger a sa source à l'E. de celle du Sénégal, et se perd dans le Lac de Bornou.

La chaîne qui est à la gauche du Nil a une branche qui s'étend au N. à l'O. du Niger près du Tropique du Capricorne et se nomme *Mont Amédéde*.

La même chaîne se prolonge aussi au Nord presque jusqu'à la Méditerranée ; elle va ensuite de l'E. à l'O. à peu de distance des côtes de cette Mer et porte le nom de *Mont-Atlas* depuis le 40.ᵉ dégré de Longitude jusqu'au Détroit de Gibraltar.

XV. Montagnes de l'Amérique.

Les principales Montagnes de l'Amérique sont les *Cordilières* ou les *Andes* qui sont les plus hautes de toute la terre, et forment une chaîne du N. au S. dans l'Amérique Méridionale. Le Fleuve des Amazônes et celui de la Plata y ont leurs sources. *Les Apalaches* sont au Centre de l'Amérique Septentrionale et donnent des eaux au Mississipi et au Fleuve St Laurent.

XVI. Situation des divers Pays de l'Europe, avec leurs principales Villes.

1.° Iles de la Mer du Nord : le *Spizberg* ; l'*Islande* où se trouve *Reikiavik*, ville au S. O. et *Skalhot*, bourg au centre ; les *Isles de Féro*, au nombre de 24, peu habitées ; les *Iles Britanniques* qui renferment : l'*Irlande*, où se trouve *Dublin* à l'E. sur la Mer, et la *Grande-Bretagne*, où se trouvent *Edimbourg*, en Ecosse à l'E., et *Londres* sur la Tamise en Angleterre.

2.° Presqu'île formée par la Mer Baltique dans la Mer du Nord, qui renferme 7 Pays : la *Laponie*, sur la Mer Glaciale, où sont au N. *Wardhus*, dans une Ile de même nom et *Kola*, au S. E. la *Norvège*, à l'O. de la Presqu'île, où est *Christiania*, au S. sur la Mer ; la *Gothie*, où est *Gothenbourg*, à l'O. sur le Golfe de Catégat ; la *Suède*, proprement dite où est *Stockholm*, à l'E. sur la Mer Baltique ; la *Bothnie*, où est *Torneo*, sur la rivière de même nom, qui vient de la Laponie, et se jette dans le Golfe de Bothnie ; la *Finlande* sur les Golfes de Bothnie et de Finlande, où est *Abo* sur la Mer au S. O. la *Carelie*, entre le Golfe de Finlande et la Mer Blanche, où est *Vibourg* à l'extrémité septentrionale du Golfe de Finlande.

3.° Entre la Mer Glaciale et la Mer Noire : le *Pays des Samoïèdes*, où est *Archangel* à l'embouchure de la Duna du Nord dans la Mer Blanche ; la *Moscovie*, dans les parties supérieures des bassins du Dnieper, du Don, de la Duna du Sud, et du Volga, où est *Moscou* sur la Moscowa, Occa g., Volga d. l'*Ukraine*, au S. de la Moscovie, entre le Dnieper et le Don, où est *Kiow* sur le Dnieper ; la *Petite Tartarie*, dans la partie inférieure du Dnieper sur la Mer Noire, où est *Precop* sur l'Isthme de la *Crimée* ; la *Bessarabie* où sont *Bender* sur le Niester, et *Odessa* entre les embouchures du Niester et du Dnieper.

4.° Au Sud du Golfe de Finlande et de la Mer Baltique : l'*Ingrie*, sur le *Golfe de Finlande*, où est la ville de *St-Péterbourg*, traversée par la Newa ; la *Livonie*, où est *Riga* à l'embouchure de la Duna du Sud ; la *Lithuanie*, où est *Wilna* sur la Vilia, qui se jette dans le Niemen à droite ; la *Prusse* proprement dite, où sont *Koenigsberg*, sur la Pregel, rivière côtière qui se jette dans la Mer Baltique, et *Dantzig* à l'embouchure de la Vistule dans la Mer Baltique ; la *Pologne*, où sont *Varsovie* et *Cracovie*, sur la Vistule.

5.° Partie inférieure du Bassin du Danube en le remontant : la *Moldavie* où est *Jassy*, sur le Pruth, qui se jette dans le Danube à gauche ; la *Valachie*, où est *Bucharest* sur le Lumbrowitz, qui se jette dans le Danube à gauche ; la *Transylvanie* où est *Hermanstadt* sur l'Alt, qui se jette dans le Danube à gauche ; la *Hongrie* où sont *Presbourg* et *Bude* sur le Danube ; la *Bulgarie* où est *Sophie* sur l'Isker qui se jette dans le Danube à droite ; la *Servie*, où est

Belgrade au confluent de la Save et du Danube ; la *Sclavonie* est entre la Save et la Drave qui se jettent dans le Danube à droite ; la *Bosnie* et la *Croatie* sont à la droite de la Save.

6.º Sud des Monts Costegnats : La *Dalmatie* où est *Raguse* et l'*Albanie*, où est *Scutari* sur le Golfe de Venise ; la *Macédoine*, à l'E. de l'Albanie, où est *Salonique* sur l'Archipel ; la *Romanie*, où est *Andrinople*, sur le Marizza qui se jette dans l'Archipel ; la *Thessalie*, où est *Larisse* sur le Pénée, et la *Livadie* où est *Sétines* (jadis Athénes), sur l'Archipel ; la *Morée*, (jadis Péloponèse), où est *Misitra*, (jadis Sparte ou Lacédémone), Presqu'île de la Méditerranée, qui tient à la Livadie par l'Isthme de Corinthe.

7.º Il faut remarquer entre l'Europe et l'Asie, les *Monts Poyats*, qui aboutissent à la Mer Glaciale, au détroit de Vaigatz ; la *Vetluga*, qui prend sa source dans ces monts et se jette dans le Volga, à gauche, vis-à-vis de l'embouchure de la *Sura*, à droite, qui a sa source au N. de celle de la *Medvieca*, qui se jette dans le Don, à gauche ; le *Don* (jadis Tanaïs), qui se jette dans la Mer de Zabache (jadis Palus Méotides) ; la *Mer de Zabache* ou d'*Azof* qui communique avec la Mer Noire (jadis Pont-Euxin), par le *Détroit de Zabache* (jadis Bosphore Cimmérien) ; la Mer Noire qui communique avec la Mer de Marmora (jadis Propontide) par le *Détroit de Constantinople* (jadis Bosphore de Thrace) ; la *Mer de Marmora*, qui communique avec l'*Archipel* (jadis Mer Egée), par le *Détroit des Dardanelles* (jadis l'Hellespont). Le nom d'Archipel convient à tous les groupes d'Iles ; mais quand on dit simplement l'Archipel, on entend ce Golfe de la Méditerranée où sont l'Ile de Negrepont , les Iles Cyclades à l'O. et les Iles Sporades à l'E.

8.º Iles de la Méditerranée de l'E. à l'O. : *Chypre* et *Rhodes* qui appartiennent à l'Asie ; *Candie*, au S. de l'Archipel ; *Iles Ioniennes*, à l'O. de la Morée ; la *Sicile*, où est *Palerme* ; *Malte*, au S. de la Sicile ; la *Sardaigne* où est *Cagliari* au S. sur la Mer ; la *Corse*, où sont *Ajaccio* à l'O., et *Bastia* au N. sur la Mer ; les *Iles Baléares*, dont les deux plus considérables sont : *Majorque*, où est *Palme* sur la Mer à l'O. et *Minorque*, où sont *Port-Mahon* à l'E. et *Citadella* à l'O.

9.º L'Espagne avec le Portugal forment une grande Presqu'île séparée de la France par les Pyrénées. Les principales villes de l'*Espagne* sont : *Compostelle* dans la *Gallice*, sur l'Océan ; *Oviedo*, dans les *Asturies* ; *Bilbao*, dans la *Biscaye* ; *Pampelune*, dans la *Navarre* ; *Sarragosse* sur l'Ebre, dans l'*Arragon* ; *Barcelone*, dans la *Catalogne*, sur la Méditerranée ; *Valence*, sur la Mer dans le *Royaume de même nom* ; *Murcie* sur la Ségura, dans le *Royaume de même nom* ; *Grenade*, vers la source du Xenil qui se jette dans le Guadalquivir à gauche, dans le *Royaume de même nom* ; *Cordoue* sur le Guadalquivir, dans l'*Andalousie* ; *Badajotz*, sur la Guadiana dans l'*Estramadure* ; *Madrid* Capitale de l'Espagne, sur le Ruisseau Mançanerez, qui se jette dans le Tage à droite, *Tolède*, au S. sur le Tage, et *Burgos* sur l'Arlençon qui se jette dans le Douero à droite, dans la *Castille; Léon*, entre les deux sources de l'Esta qui se jette dans le Douero à droite, dans le *Royaume de même nom; Lisbonne* à l'embouchure du Tage, est la Capitale du *Portugal.*

10.º *L'Italie* est une grande Presqu'île de la Méditerranée. Elle renferme le *Royaume de Naples*, au S. où est *Naples*, sur la Mer; *l'Etat Ecclésiastique*, où est *Rome* sur le Tibre, et qui s'étend au N. E., jusqu'à l'embouchure du Pô; la *Toscane*, où est *Florence* sur l'Arno. Il faut remarquer: *Venise*, sur le Golfe de même nom; *Vérone*, sur l'Adige qui se jette dans le Golfe de Venise; *Mantoue* à la gauche du Pô, *Modène*, *Parme* et *Plaisance* à la droite du Pô, Capitales des *Quatre Duchés* de même nom; *Milan*, sur l'Olona, qui se jette dans le Pô à gauche, dans le Milanois; *Gênes*, sur la Méditerranée, dans le *Duché* de même nom (jadis la Ligurie); *Turin* sur le Pô, dans le *Piémont.*

11.º *Chambéry*, sur la Laisse qui traverse le Lac du Bourget et se jette dans le Rhône à gauche, est la Capitale de la *Savoie; Genève* sur le Lac de même nom, et *Berne* sur l'Aar qui se jette dans le Rhin à gauche, sont dans la *Suisse.*

12.º *L'Allemagne* est à la droite du Rhin, entre le Golfe de Venise et la Mer Baltique. Les villes remarquables sont: *Vienne* sur le Danube en *Autriche; Munich* sur l'Iser, Danube d. *Salzbourg*, sur la Salz, Inn d. Danube d. et *Ratisbonne*, sur le Danube, en *Bavière; Inspruck* sur l'Inn, dans le *Tyrol;*

Olmutz sur la Morava, Danube g. en *Moravie;* *Breslaw* sur l'Oder, en *Silésie; Stettin* sur l'Oder, dans la *Poméranie; Berlin* sur la Sprée, Havel g. Elbe d., dans le *Brandebourg; Prague*, sur la Moldau, Elbe g. en *Bohéme; Dresde* sur l'Elbe, et *Leipsick* à gauche de l'Elbe, dans la *Misnie*, ou *Saxe* proprement dite; *Erfort*, à l'O. de Leipsick, dans la *Turinge; Wismar*, sur la Baltique à droite de l'Elbe, dans le *Mecklenbourg; Hambourg*, sur l'Elbe, *ville libre; Copenhague* dans l'île de Sélande, Capitale du *Danemarck; Cassel* sur la Fulda qui, avec une autre rivière à droite, forme le Weser, dans la *Hesse; Hanovre*, sur la Leine, Weser d. dans le *Hanovre; Munster* sur l'Aa, Ems g. en *Westphalie; Augsbourg*, sur la Vertack, Lech g. Danube d. *Ulm* sur le Danube, et *Constance* sur le Lac de même nom, dans la *Souabe* ainsi que *Stuttgard*, près du Necker, Rhin d. dans le *Vurtemberg, Bade, Carlsruhe* au N. de Bade, et *Fribourg*, à la droite du Rhin, dans le *Brisgaw; Nuremberg*, sur la Preignitz, Mein g., Rhin d. dans la *Franconie; Francfort*, sur le Mein, dans la *Weteravie; Cologne, Mayence, Worms, Manheim* et *Spire*, sur le Rhin; *Tréves* sur la Moselle, Rhin g. *Liège* sur la Meuse.

13.° *Pays-Bas.* Ils sont au N. E. de la France, dans les parties inférieures des Bassins du Rhin, de la Meuse et de l'Escaut. Les villes les plus remarquables sont : *Bruxelles* à droite de l'Escaut, *Leyde* et *Amsterdam* sur la Mer.

Les 32 Gouvernements de la France.

Il y a 20 Gouvernements au circuit et 12 au centre. Ce sont avec leurs Capitales :

1. La *Flandre* : *Lille*, sur la Deule, Lys d. Escaut g.
2. L'*Artois* : *Arras*, sur la Scarpe, Escaut g.
3. La *Picardie* : *Amiens*, sur la Somme.
4. La *Normandie* : *Rouen*, sur la Seine.
5. La *Bretagne* : *Rennes*, sur la Vilaine.
6. Le *Poitou* : *Poitiers*, sur le Clain, Vienne g. Loire g.
7. L'*Aunis* : la *Rochelle*, Port de Mer.
8. La *Saintonge* : *Saintes*, sur la Charente.
9. La *Guyenne* : *Bordeaux*, sur la Garonne.
10. Le *Béarn* : *Pau*, sur le Gave de Pau, Adour g.
11. Le *Languedoc* : *Toulouse*, sur la Garonne.
12. Le *Comté de Foix* : *Foix*, sur l'Ariège, Garonne d.
13. Le *Roussillon*, *Perpignan*, sur la Tet.
14. La *Provence* : *Aix* à la droite de l'Arc.
15. Le *Dauphiné* : *Grenoble*, sur l'Isère, Rhône g.
16. La *Bourgogne* : *Dijon*, sur l'Ouche, Saône d. Rhône d.
17. La *Franche-Comté* : *Besançon*, sur le Doubs, Saône g. Rhône d.
18. L'*Alsace* : *Strasbourg*, sur l'Ill, Rhin g.
19. La *Lorraine* : *Nancy*, sur la Meurthe, Moselle d. Rhin g.
20. La *Champagne* : *Troyes*, sur la Seine.
21. L'*Isle de France* : *Paris*, sur la Seine.
22. Le *Maine* : Le *Mans*, sur la Sarthe, Mayenne g. Loire d.

23. L'*Anjou* : *Angers*, sur la Mayenne, Loire d.
24. La *Touraine* : *Tours*, sur la Loire.
25. L'*Orléanois* : *Orléans*, sur la Loire.
26. Le *Nivernois* : *Nevers*, sur la Loire et la Nièvre.
27. Le *Berry* : *Bourges*, sur l'Eure, Cher d. Loire g.
28. Le *Bourbonois* : *Moulins*, sur l'Allier, Loire g.
27. Le *Lyonnois* : Lyon, sur le Rhône et la Saône.
30. L'*Auvergne* : *Clermont-Ferrant*, sur l'Artier, Allier g. Loire g.
31. Le *Limosin* : *Limoges*, sur la Vienne, Loire g.
32. La *Marche* : *Guéret*, à droite de la Gartempe, vers sa source, Creuse g. Vienne d. Loire g.

LES 86 DÉPARTEMENTS DE LA FRANCE, AVEC LEURS PRÉFECTURES.

1.° BASSIN DU RHÔNE.

1. Le *Var*, *Draguignan*, sur l'Artuby, Argens g.
2. Les *Bouches du Rhône* : *Marseille*, Port de Mer.
3. *Vaucluse*, Fontaine : *Avignon*, sur le Rhône.
4. Les *Basses-Alpes* : *Digne*, sur la Bléone, Durance g. Rhône g.

Ces 4 Départements sont dans la *Provence*.

5. Les *Hautes-Alpes* : *Gap*, sur la Luie, Durance d. Rhône g.
6. La *Drôme*, torrent, Rhône g. *Valence*, sur le Rhône.
7. L'*Isère* : *Grenoble*, sur l'Isère, Rhône g.

Ces 3 Départements sont dans le *Dauphiné*.

8. L'*Ain*, rivière, Rhône d. *Bourg*, sur la Reissouce, Saône g. Rhône d. dans la *Bourgogne*.

9. Le *Jura*, montagne, aux sources de l'Ain et du Doubs : *Lons-le-Saunier*, sur la Vaille, Seille g. Saône g. Rhône d. , en *Franche-Comté*.

10. Le *Doubs* : *Besançon*, sur le Doubs, Saône g. Rhône d. , en *Franche-Comté*.

11. La *Haute-Saône* : *Vesoul*, sur la Drujone, Saône g. Rhône d. en *Franche-Comté*.

14. La *Côte-d'Or*, côteau qui produit d'excellents vins, et s'étend depuis Dijon jusqu'à Macon : *Dijon*, sur l'Ouche, Saône d. Rhone d. , en *Bourgogne*.

13. *Saône et Loire* : *Macon*, sur la Saône, Rhône g. en *Bourgogne*.

14. Le *Rhône* : *Lyon*, sur le Rhône et la Saône, dans le *Lyonnois*.

15. L'*Ardèche*, qui se jette dans le Rhône à droite : *Privas* à la droite du Rhône, dans le *Vivarais*, *Cévennes*, *Languedoc*.

16. Le *Gard*, qui se jette dans le Rhône à droite : *Nismes*, sur la Vistre qui se perd dans les Etangs d'Aigues-Mortes, *Bas-Languedoc*.

2.º *Entre le Rhône et la Garonne.*

17. L'*Hérault* : *Montpellier*, sur la Lez à une lieue de la Mer, *Bas-Languedoc*.

18. L'*Aude* : *Carcassone*, sur l'Aude et le Canal du *Languedoc*.

19. Les *Pyrénées Orientales* : *Perpignan*, sur la Tet, dans le *Roussillon*.

3.º Bassin de l'Adour.

20. Les *Hautes-Pyrénées* : *Tarbes*, sur l'Adour, dans le *Bigorre*, *Gascogne*, *Guyenne*.

21. Les *Basses-Pyrénées* : *Pau*, sur le Gave de Pau, Adour g. dans le Béarn.

22. Les *Landes*, territoire stérile : *Mont-de-Mar-san*, sur la Midouze, Adour d. dans la *Cha-losse*, *Gascogne*, *Guyenne*.

4.° Bassin de la Garonne.

23. La *Haute-Garonne* : *Toulouse*, sur la Garonne, dans le *Haut-Languedoc*.

24. Le *Gers* : *Auch*, sur le Gers, Garonne g. dans l'*Armagnac* en *Gascogne*.

25. L'*Ariège* : *Foix*, sur l'Ariège, Garonne d. dans le *Comté de Foix*.

26. Le *Tarn* : *Alby*, sur le Tarn, Garonne d. dans le *Languedoc*.

27. L'*Aveyron* : *Rhodez*, sur l'Aveyron, Tarn d. Garonne d. dans le *Rouergue*, *Guyenne*.

28. La *Losère*, montagne des Cévennes : *Mende*, sur le Lot, Garonne d. dans le *Gévau-dan*, *Cévennes*, *Languedoc*.

29. Le *Cantal*, montagne : *Aurillac*, sur la Jordane, Cère d. Dordogne g. Garonne d. *Au-vergne*.

30. Le *Lot* : *Cahors*, sur le Lot, Garonne d. dans le *Quercy*, *Guyenne*.

31. *Tarn et Garonne*, qui y ont leur confluent : *Montauban*, sur le Tarn, Garonne d. *Quercy*, dans la *Guyenne*.

32. *Lot et Garonne*, qui y ont leur confluent : *Agen*, sur la Garonne, dans l'*Agénois*, en *Guyenne*.

33. La *Gironde*, nom que prend la Garonne au Bec-d'Ambez : *Bordeaux*, sur la Garonne, *Bordelois* ou *Guyenne propre*.

34. La *Dordogne* : *Périgueux*, sur l'Isle, Dordogne d. dans le *Périgord*, *Guyenne*.

35. La *Corrèze* : *Tulle*, sur la Corrèze, Vezère g. Dordogne, d. Garonne d. *Limosin*.

5.° *Entre la Garonne et la Loire.*

36. La *Charente* : *Angoulême*, sur la Charente, *Angoumois*, *Saintonge*.

37. La *Charente-Inférieure* : *La Rochelle*, Port, au N. du Département, *Aunis*.

38. Les *Deux Sèvres* : *Niort*, sur la Sèvre, rivière côtière ; *Poitou*.

39. La *Vendée* : *Bourbon-Vendée*, ou *Roche-sur-Yon ;* sur l'Yon, Laye d. *Poitou*. La Vendée est une petite rivière qui se jette dans la Sèvre Niortoise, à droite.

6.° BASSIN DE LA LOIRE.

40. La *Haute-Loire* : *Le Puy*, sur la Loire; *Velai*, *Cévennes*, *Languedoc*.

41. La *Loire : Montbrison*, sur la Vezize, Lignon d. Loire, g. *Forez*, *Lyonnois*.

42. Le *Puy-de-Dôme*, haute montagne, à la source de l'Artier : *Clermont-Ferrant*, sur l'Artier, Allier g., Loire g. *Auvergne*.

43. L'*Allier* : *Moulins*, sur l'Allier, Loire g. *Bourbonois*.

44. La *Nièvre : Nevers*, sur la Loire et la Nièvre ; *Nivernois*.

45. Le *Loiret*, petite rivière, Loire g. *Orléans*, sur la Loire, *Orléanois*.

46. Le *Cher : Bourges*, sur l'Evre, Cher d. Loire g. *Berry*.

47. *Loir et Cher :* le Loir se jette dans la Sarthe g. Mayenne g. Loire, d. *Blois*, sur la Loire, *Orléanois*.

48. *Indre et Loire : Tours*, sur la Loire, *Touraine*.

49. L'*Indre : Châteauroux*, sur l'Indre, Loire g. *Berry*.

50. La *Creuse : Gueret*, Gartempe d. vers sa source, Creuse g. Vienne, d. Loire g. *La Marche*.

51. La *Haute-Vienne : Limoges*, sur la Vienne, Loire g. *Limosin*.

52. La *Vienne : Poitiers*, sur le Clain, Vienne g. Loire g. *Poitou*.

53. *Maine et Loire :* (Maine ou Mayenne) *Angers*, sur la Mayenne, Loire d. *Anjou*.

54. La *Sarthe : Le Mans*, sur la Sarthe, Mayenne g. Loire d. *Le Maine*.

55. *La Mayenne : Laval*, sur la Mayenne, Loire d. *Le Maine*.

56. La *Loire-Inférieure : Nantes*, sur la Loire, *Bretagne*.

7.º Entre la Seine et la Loire.

57. Le *Morbihan*, Golfe de l'Océan : *Vannes*, Port, *Bretagne*.

58. Le *Finistère*, c'est-à-dire l'extrêmité, à l'O. *Quimper*, sur le Bénaudet, *Bretagne*.

59. Les *Côtes du Nord : St-Brieux*, port, *Bretagne*.

60. *Isle-et-Vilaine* (l'Isle se jette dans la Vilaine,
     à droite) *Rennes*, sur la Vilaine, *Bretagne*.

61. La *Manche*, Presqu'île de la Manche, Canal
     formé par la Méditerranée : *St-Lô*, sur la
     Vire, *Normandie*.

62. L'*Orne* : *Alençon*, sur la Sarthe, Mayenne g.
     Loire d. *Normandie*.

63. Le *Calvados*, entre les embouchures de la Vire
     et de l'Orne : *Caën*, sur l'Orne, *Normandie*.

8.° Bassin de la Seine.

64. L'*Yonne* : *Auxerre*, sur l'Yonne, Seine g. *Bour-
     gogne*.

65. L'*Aube*, Seine d. *Troyes*, sur la Seine, *Champagne*.

66. La *Haute-Marne* : *Chaumont*, sur la Marne,
     Seine d. *Champagne*.

67. La *Marne* : *Châlons*, sur la Marne, Seine d.
     Champagne.

68. L'*Aisne*, Oise g. *Laon*, sur la Lette, Oise g. Seine
     d. *Isle de France*.

69. L'*Oise* : *Beauvais*, sur le Thérain, Oise d. Seine
     d. *Isle de France*.

70. *Seine-et-Marne* : *Melun*, sur la Seine; *Gatinois-
     Francois*.

71. *Seine* : *Paris*, sur la Seine ; *Isle de France*.

72. *Seine-et-Oise* : *Versailles*, à la source de la
     Bièvres, Seine g. *Isle de France*.

73. *Eure-et-Loir* : *Chartres*, sur l'Eure, Seine g.
     Beausse, *Orléanois*.

74. L'*Eure* : *Evreux*, sur l'Iton, Eure g. Seine g.
     Normandie.

75. La *Seine-Inférieure* : *Rouen*, sur la Seine, *Nor-
     mandie*.

9.º *Entre la Seine et le Rhin.*

76. La *Somme : Amiens*, sur la Somme, *Picardie.*

77. Le *Pas-de-Calais*, détroit entre la France et l'Angleterre : *Arras*, sur la Scarpe, Escaut g. *Artois.*

78. Le *Nord*, partie la plus septentrionale de la France : *Lille*, sur la Deule, Lys d. Escaut g. *Flandre.*

79. Les *Ardennes*, forêt au N. *Mezières*, sur la Meuse, Champagne.

80. La *Meuse : Bar*, sur l'Ornain, Saulx d. Marne d. Seine d. *Lorraine.*

81. La *Moselle : Metz*, sur la Moselle, Rhin g. *Lorraine.*

82. La *Meurthe : Nancy*, sur la Meurthe, Moselle d. Rhin g. *Lorraine.*

83. Les *Vosges*, montagnes au S. *Epinal*, sur la Moselle, Rhin g. *Lorraine.*

84. Le *Haut-Rhin : Colmar*, sur l'Ill, Rhin g. *Alsace.*

85. Le *Bas-Rhin : Strasbourg*, sur l'Ill, Rhin g. *Alsace.*

86. La *Corse*, Isle de la Méditerranée : *Ajaccio*, à l'O. de l'Isle sur la Mer.

XVII. Situation des Pays de l'Asie.

La *Géorgie* est entre la Mer Noire et la Mer Caspienne, au S. du Mont Caucase.

L'*Arménie* est située au S. de la Géorgie, à la source de l'Euphrate entre la Mer Noire et la Mer Caspienne.

Le *Diarbeck* renferme, du N. au S., le *Curdistan*, à l'E. du Tigre, le *Diarbeck propre*, entre le

Tigre et l'Euphrate, et l'*Irac-Arabi* vers le 33.e dégré de Latitude.

La *Natolie*, ou plutôt l'*Anatolie*, signifie en Grec, Levant ou Orient. Elle est située entre la Mer Noire et l'Archipel de la Méditerranée.

La *Sourie* est située sur les Côtes Orientales de la Méditerranée. Elle renferme du N. au S. la *Syrie*, la *Phénicie*, et la *Palestine*.

L'*Arabie* est située entre le Diarbeck, la Syrie, la Mer Rouge, la Mer des Indes et le Golfe Persique.

La *Perse* est à l'E. du Diarbeck et du Golfe Persique, au N. de la Mer des Indes, à l'O. de l'Indostan, au S. de la Grande Tartarie et de la Mer Caspienne.

L'*Inde* est à l'E. de la Perse. Ce pays tire son nom du Fleuve Indus, et le donne à la Mer des Indes qui le baigne au S. On divise l'Inde en trois parties, qui sont : la *Terre-Ferme* ou l'*Indostan*, qui comprend tout le terrain des bassins de l'Indus et du Gange ; la *Presqu'île Occidentale* qui est en deça du Gange, au S. de l'Indostan, et la *Presqu'île Orientale*, qui est au delà du Gange.

La *Chine* est située le long des côtes de la grande Mer.

La *Tartarie* renferme toute la partie septentrionale de l'Asie, c'est-à-dire, tout ce qui est au Nord du Caucase, du Taurus et du Tibet, jusqu'à la Mer Glaciale. La partie du midi renferme de vastes déserts sabloneux où on voit de nombreuses rivières, qui y naissent et y finissent.

La *Circassie* est au N. du Mont-Caucase, qui la sépare de la Géorgie, et s'étend depuis la Mer de Zabache, jusqu'a la Mer Caspienne.

Les Iles principales de la Mer des Indes sont : *les Maldives* et *Ceylan;* les *Iles de la Sonde ,* savoir : Sumatra, Borneo et Java. *Celles de la Grande-Mer* sont : la *Nouvelle-Hollande;* la *Louisiane;* la *Nouvelle-Guinée* ou Terre des Papoux; les *Moluques;* les *Philippines* ou Manilles; les *Mariannes; Formose,* et les *Isles du Japon,* dont *Niphon* est la plus grande (*).

XVIII Situation des Pays de l'Afrique.

L'*Egypte* est la partie la plus voisine de l'Asie. Elle est au S. de la Méditerranée, à l'O. de la Mer Rouge et dans le Bassin du Nil depuis le Tropique du Cancer. La *Nubie* est au S. de l'Egypte et l'*Abyssinie* au S. de la Nubie, dans la partie supérieure du Bassin du Nil.

La *Barbarie* est une vaste contrée d'Afrique entre l'Egypte et l'Océan, la Méditerranée et le Mont-Amédéde.

La *Nigritie* est au S. de la Barbarie dont elle est séparée par le Mont-Amédéde. Elle s'étend au S. jusqu'aux Monts des Lions, qui la séparent de la Guinée. Elle est bornée à l'E. par les Montagnes qui sont à la gauche du Nil, et la séparent de la Nubie et de l'Abyssinie.

La *Guinée* est sur l'Océan, au S. et à l'O. de la Nigritie. Le *Congo* est aussi sur l'Océan, mais plus au S. Ces deux Pays ne forment, à proprement parler,

----

(*) Nota. La *Nouvelle-Hollande* et les Isles adjacentes, forment, ce que Malte-Brun appelle, l'*Océanique,* qu'il donne comme une 5.ᵉ partie du monde.

qu'une longue bande de terre à l'Occident de l'A-
frique.

Les Géographes donnent le nom de *Cafrerie* à la
partie Méridionale de l'Afrique. On renferme sous ce
nom la suite des *Côtes Occidentales* depuis le Congo,
jusqu'au Cap de Bonne-Espérance, et les *Côtes Orientales* jusqu'au Détroit de Babel-Mandel, ainsi que
toutes les *Terres-Intérieures* situées au Midi de l'A-
byssinie et de la Nigritie, ce qui fait plus d'un tiers
de l'Afrique. On donne le nom d'*Hottentots* aux ha-
bitans qui avoisinent le Cap de Bonne-Espérance.

Iles qui avoisinent l'Afrique. Dans la *Mer des Indes* : *Madagascar* au S. E. *Isle de Bourbon* et
Isle de France à l'E. de Madagascar; *Isle de Co-
more* au N. O. de Madagascar; *Socotora* au S. de
l'Arabie. Dans l'Océan du N. au S. *Madère;* les
Canaries, parmi lesquelles il faut remarquer les Isles de Canarie, de Ténériffe, de Palme et de Fer;
les *Isles du Cap-Vert*, à l'O. de l'embouchure du Sénégal; *St-Thomas* sous l'Equateur, près de l'Afrique;
Ste-Hélène, longitude de l'Isle de Fer 12, latitude
méridionale 16.

XIX. Situation des Pays de l'Amérique.

Le *Groenland*, c'est-à-dire, Pays Vert, ainsi nom-
mé à cause de la mousse qu'on voit sur son rivage,
est un grand Pays des Terres-Arctiques. On ignore
quelles en sont les bornes au Nord, il est borné à
l'O. par le Détroit de Davis, au S. par la Mer du
Nord et à l'E. par la Mer Glaciale. Il est près de
l'Islande, qui est au N. O. de l'Europe

Le *Canada* est à l'E. , à l'O. et au S. de la Baye d'Hudson, espèce de Golfe, et au N. du Fleuve St-Laurent.

On donne le nom de *Haut-Canada* au pays des *Esquimaux* , qui s'appelle aussi *Labrador.*

La *Louisianne* est dans le Bassin du Mississipi, au Nord du Golfe du Mexique. Elle faisoit jadis partie de la *Floride* qui est sur le Golfe du Mexique.

La *Nouvelle Angleterre*, qui porte aujourd'hui le nom d'*Etats-Unis* , est entre le Golfe de St-Laurent, le Canada, la Louisiane, la Floride et l'Océan.

Le *Mexique* (ou la Nouvelle-Espagne) est borné à l'O. par la Mer Vermeille et la Grande-Mer, et s'étend jusqu'à l'Isthme de Panama. Il forme une langue de terre considérable. Le *Nouveau-Mexique* est au Nord.

La *Californie* est une Presqu'île séparée de la Nouvelle-Espagne par la Mer Vermeille.

La *Terre-Ferme* ou *Castille-d'Or* est dans l'Amérique Méridionale , au N. entre l'Océan et la Mer du Sud. La *Guyanne* en fait partie.

Le *Pérou* s'étend au S. E. de la Terre-Ferme, le long de la Mer du Sud, à l'O. du Pays des Amazônes, et au N. du Chili. On y trouve les montagnes des Cordillières dans l'intérieur.

Le *Chili* est au S. du Pérou, et traversé aussi par la Chaîne des montagnes des Cordillières.

La *Terre-Magellanique* forme la pointe méridionale de l'Amérique.

Le *Paraguay* est à l'E. du Chili, au N. de la Terre-Magellanique, au S. du Pays des Amazônes et au S. O. du Brésil. Il tire son nom d'une rivière qui est au N. et se jette dans la Plata.

Le *Pays des Amazônes* est au S. de la Terre-Ferme, à l'O. du Pérou, au N. du Paraguay et à l'O. du Brésil. Il tire son nom du Fleuve qui y coule au Nord.

Le *Brésil* s'étend depuis l'Equateur jusqu'au delà du Tropique du Capricorne. Il est borné au N. et à l'E. par l'Océan. Le Paraguay et le Pays des Amazônes le bornent à l'O.

Les *Iles de l'Amérique* sont : les *Açores* entre l'Amérique et l'Espagne; *Terre-Neuve* à l'E. du Canada; les *Lucayes* à l'E. du Golfe du Mexique; les *Antilles*, depuis l'entrée du Golfe du Mexique jusqu'à l'embouchure de l'Orenoque au S. les *Malouines*, à l'extrêmité méridionale de l'Amérique, ainsi que la *Terre de Feu*.

FIN.

TABLE.

IMPRIMERIE DE LAVIGNAC, RUE DU PUITS BAGNE-CAP, N.° 4, A BORDEAUX.

www.ingramcontent.com/pod-product-compliance
Lightning Source LLC
LaVergne TN
LVHW011410170726
843501LV00006B/2118